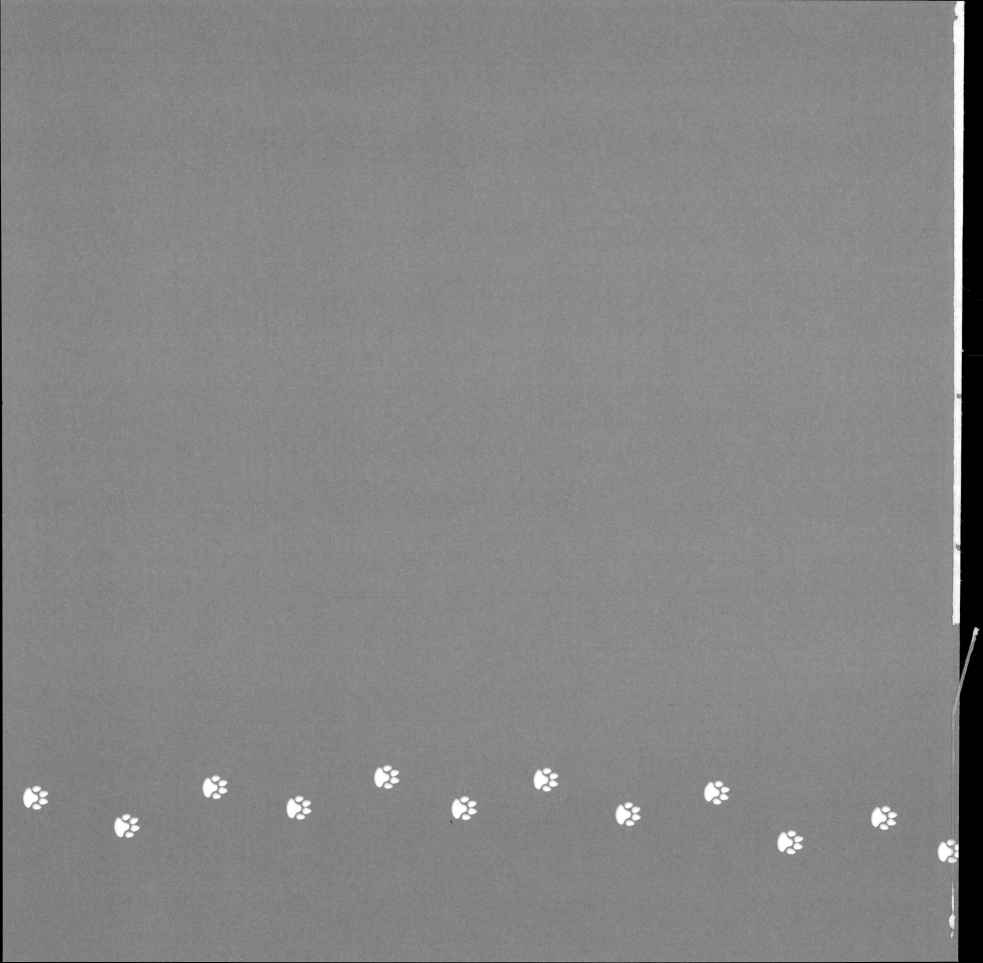

Die außergewöhnliche Skulptur mit dem Titel „Eisbär" schuf der Bildhauer François Pompon in den Jahren 1923 bis 1933. Wir nennen den Eisbären Nils.

François Pompon war selbst niemals in der Arktis, um Eisbären zu sehen, und da es zu seiner Zeit noch kein Fernsehen oder Internet gab, ging er einfach in die Menagerie im Botanischen Garten in Paris, um die Tiere dort genau zu beobachten. Er begann damit, Skizzen zu zeichnen, dann fertigte er grobe Modelle in Ton auf einer tragbaren Bank an. François Pompon war so verliebt in diesen Bären, dass er mehrere Versionen von ihm schuf. Schließlich arbeitete er in seinem Studio am Original. Er verbrachte Jahre damit, es zu überarbeiten, zu polieren und jedes nicht notwendige Detail zu entfernen …

Die Skulptur, die du hier siehst, steht seit vielen Jahren im Musée d'Orsay. Vollständig aus Stein gemacht, ist sie so groß wie ein echter Eisbär, 1,60 m hoch, 2,50 m lang und über 2000 Kilo schwer!

François Pompons Eisbär ist auf Wanderung gegangen … und versteckt sich in den Kunstwerken des Musée d'Orsay.

Kannst du ihn finden?

Ab und zu hat der Eisbär aber einfach keine Lust mehr, immer an derselben Stelle zu stehen, und vor allem wird ihm langweilig! Deshalb streckt er seine Beine aus und wandert in die anderen Kunstwerke im Musée d'Orsay.

Auf den folgenden Seiten haben wir ihn in einigen dieser Meisterwerke entdeckt. Kannst du ihn auch finden? Denn manchmal hat er sich sehr gut versteckt, weil er offensichtlich nicht gefunden werden will. Kaum zu glauben: so ein großes Tier und doch so schüchtern!

Henri Rousseau, genannt „Le Douanier" (der Zöllner)
Die Schlangenbeschwörerin, 1907

Paul Gauguin
Die Alyscamps, 1888

Ferdinand Hodler
Der Holzfäller, 1910

Gustave Courbet
Jagd auf den Hirsch, 1867

Joaquín Sorolla
Die Rückkehr vom Fischfang, 1894

Rosa Bonheur
Ackerbau im Nivernais: Pflügen, 1849

Léon Lhermitte
Die Bezahlung der Schnitter, 1882

Vincent Van Gogh
Mittagsrast, 1889–1890

Cuno Amiet
Schneelandschaft, oder Großer Winter, 1904

Jean-François Millet
Die Ährenleserinnen, 1857

Claude Monet
Die Elster, 1868–1869

Alfred Sisley
Schnee in Louveciennes, 1878

Gustave Doré
Katastrophe am Matterhorn, 1865

Auguste Rodin
Das Tor zur Hölle, 1880–1890

Thomas Couture
Die Dekadenz der Römer, 1847

Auguste Clésinger
Die von einer Schlange gebissene Frau, 1847

Léon Belly
Pilger auf dem Weg nach Mekka, 1861

Jean-Léon Gérôme
Empfang von Condé in Versailles (Versailles, 1674), 1878

William Bouguereau
Die Geburt der Venus, 1879

James Tissot
Porträt von Mademoiselle L.L., 1864

Adolphe de Meyer
Tänzerin und Nijinski, 1914

Jean-Léon Gérôme
Hahnenkampf, 1846

Edgar Degas
Die Familie Bellelli, 1858–1867

James Abbott McNeill Whistler
*Arrangement in Grau und Schwarz,
oder Porträt der Mutter des Künstlers, 1871*

Édouard Vuillard
Im Bett, 1891

Vincent Van Gogh
Van Goghs Schlafzimmer in Arles, 1889

Félix Vallotton
Bei Tisch, Lichtwirkung, 1899

James Tissot
Porträt des Marquis und der Marquise von Miramon und ihrer Kinder, 1865

Pierre Auguste Renoir
Ball im Moulin de la Galette, 1876

Frédéric Bazille
Familientreffen, 1867

Édouard Manet
Frühstück im Grünen, 1862–1863

Claude Monet
Frühstück im Grünen, 1865–1866

Georges Seurat
Zirkus, 1891

Edgar Degas
Das Orchester der Oper, um 1870

Jean-Baptiste Carpeaux
Der Tanz, 1899

Edgar Degas
Der Tanzunterricht, um 1873–1876

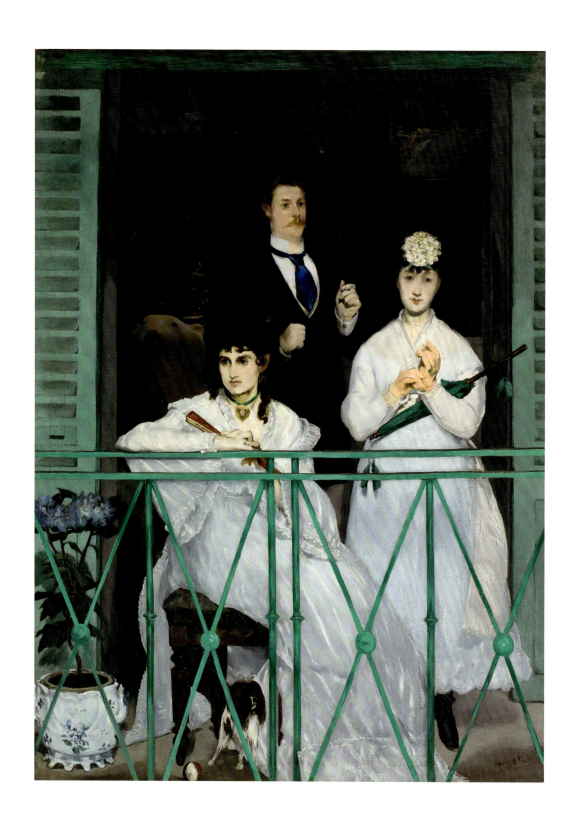

Édouard Manet
Der Balkon, 1868–1869

Henri Fantin-Latour
Französische Dichter an einem Tisch, 1872

James Tissot
Der Kreis der Rue Royale, 1868

Marie Bashkirtseff
Das Treffen, 1884

Aristide Maillol
Mittelmeer, 1923–1927

Claude Monet
Frau mit Sonnenschirm, 1886

Claude Monet
Der Seerosenteich, Harmonie in Rosa, 1900

Gustav Klimt
Rosen unter Bäumen, um 1905

Und hier versteckt sich François Pompons Eisbär...

Seite 2

Seite 3

Seite 4

Seite 5

Seite 6

Seite 7

Seite 8

Seite 9

Seite 10

Seite 11

Seite 12

Seite 13

Seite 14

Seite 15

Seite 16

Seite 17

Seite 18

Seite 19

Seite 20

Seite 21

Seite 22

Seite 23

Seite 24

Seite 25

Seite 26

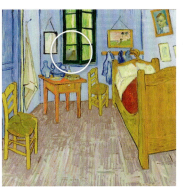
Seite 27

Seite 28

Seite 29

Seite 30

47

 Seite 31
 Seite 32
 Seite 33
 Seite 34

 Seite 35
 Seite 36
 Seite 37
 Seite 38
 Seite 39

 Seite 40
 Seite 41
 Seite 42
 Seite 43

 Seite 44
 Seite 45

Bildnachweis:
Foto © Musée d'Orsay,
dist. RMN-Grand Palais / P. Schmidt:
Vorderseite, S. 2, 3, 5, 7, 9, 10, 12, 13, 16, 17, 22–45,
Rückseite
Foto © RMN-Grand Palais (Musée d'Orsay) /
Agence Bulloz: S. 4; G. Blot und H. Lewandowski: S. 6
H. Lewandowski: S. 8, 11, 19–21; G. Blot: S. 14
Rechte vorbehalten: S. 15; F. Raux und S. Maréchalle:
S. 18

Künstlerrechte:
Cuno Amiet: © Rechte vorbehalten

Rückseite:
Claude Monet, *Mohnfeld*, 1873

Redaktionelle Gestaltung: a dog
Musée d'Orsay: Annie Dufour und Nadège Plan
Éditions Hazan: Jérôme Gille und Claire Hostalier
Projektmanagement für die deutsche Ausgabe
und Übersetzung aus dem Englischen:
Linda Weidenbach

© musée d'Orsay, Paris, 2016

© Hazan, Vanves, 2016

© Chr. Belser Gesellschaft für Verlagsgeschäfte
GmbH & Co. KG, Stuttgart, 2017,
für die deutschsprachige Ausgabe

Alle Rechte vorbehalten.
ISBN: 978-3-7630-2776-7
Printed in Italy by Printer Trento, 2017.

Bibliografische Information der Deutschen Nationalbibliothek.
Die Deutsche Nationalbibliothek verzeichnet diese Publikation in der Deutschen Nationalbibliografie; detaillierte bibliografische Daten sind im
Internet über http://dnb.dnb.de abrufbar.